Anne van Stappen

Caderno de exercícios para cuidar de si mesmo

Ilustrações de Jean Augagneur

Tradução de Stephania Matousek

EDITORA VOZES

Petrópolis

© Éditions Jouvence, 2009
Chemin du Guillon 20
Case 184 CH-1233 — Bernex
http://www.editions-jouvence.com
info@editions-jouvence.com

Tradução do original em francês intitulado
Petit cahier d'exercices de bienveillance envers soi-même

Direitos de publicação em língua portuguesa — Brasil: 2013, Editora Vozes Ltda.
Rua Frei Luís, 100
25689-900 Petrópolis, RJ
www.vozes.com.br
Brasil

Todos os direitos reservados. Nenhuma parte desta obra poderá ser reproduzida ou transmitida por qualquer forma e/ou quaisquer meios (eletrônico ou mecânico, incluindo fotocópia e gravação) ou arquivada em qualquer sistema ou banco de dados sem permissão escrita da editora.

CONSELHO EDITORIAL

Diretor
Volney J. Berkenbrock

Editores
Aline dos Santos Carneiro
Edrian Josué Pasini
Marilac Loraine Oleniki
Welder Lancieri Marchini

Conselheiros
Elói Dionísio Piva
Francisco Morás
Teobaldo Heidemann
Thiago Alexandre Hayakawa

Secretário executivo
Leonardo A.R.T. dos Santos

Editoração: Rachel Fernandes
Projeto gráfico: Éditions Jouvence
Arte-finalização: Lara Kuebler
Capa/ilustração: Jean Augagneur
Arte-finalização: Bruno Margiotta

PRODUÇÃO EDITORIAL

Anna Catharina Miranda
Eric Parrot
Jailson Scota
Marcelo Telles
Mirela de Oliveira
Natália França
Priscilla A.F. Alves
Natália França
Priscilla A.F. Alves
Rafael de Oliveira
Samuel Rezende
Verônica M. Guedes

ISBN 978-85-326-4495-4 (Brasil)

ISBN 978-2-88353-787-3 (Suíça)

Este livro foi composto e impresso pela Editora Vozes Ltda.

Dados Internacionais de Catalogação na Publicação (CIP)
(Câmara Brasileira do Livro, SP, Brasil)

Van Stappen, Anne
    Caderno de exercícios para cuidar de si mesmo / Anne van Stappen ; ilustrações de Jean Augagneur ; tradução de Stephania Matousek. 3. ed. — Petrópolis, RJ : Vozes, 2015. — (Coleção Cadernos — Praticando o Bem-estar)

    Título original: Petit cahier d'exercices de bienveillance envers soi-même

    15ª reimpressão, 2025.

    ISBN 978-85-326-4495-4

    1. Autoconhecimento 2. Autorrealização
I. Augagneur, Jean. II. Título. III. Série.

12-14973   CDD-158.1

Índices para catálogo sistemático:
1. Autoconhecimento: Psicologia aplicada   158.1
2. Autorrealização: Psicologia aplicada   158.1

Será que eu consigo ser bondoso(a) comigo mesmo(a)?

O que vão pensar de mim se eu passar a cuidar de mim mesmo(a)?

Será que alguém vai ficar ressentido por causa disso?

Será que eu não vou me tornar egoísta?

Será que eu sou suficientemente bondoso(a) com os outros?

Não é melhor ser generoso(a) e esquecer um pouco o próprio umbigo?

Existe uma forma de « egoísmo bom »?

Qual é o limite de bondade que eu posso me conceder?

Cada um de nós coloca tais perguntas sem realmente obter respostas claras sobre essas questões. Eu espero que este pequeno caderno de exercícios ajude você a encontrar algumas.

Boa viagem no caminho da bondade consigo mesmo(a)!

O que é ser bondoso consigo mesmo?

- É cuidar de si mesmo de tal maneira que você se sinta **3** bem, o que, inevitavelmente, faz com que você tenha muito a oferecer aos outros e fique com vontade de fazê-lo.

— É viver a sua vida de modo a se sentir feliz, em paz e em harmonia com os seus valores, seus sonhos, suas aspirações — e isso sem haver custo para alguém.

A arte de ser bondoso consigo mesmo se divide em cinco talentos:

1. Estar presente a si mesmo:
    - ao seu corpo,
    - às suas emoções e necessidades.

2. Ousar cuidar de si mesmo, mesmo que isso desagrade a alguém:
    - tratar-se bem,
    - agradar a si mesmo,
    - respeitar os seus limites (quando estiver oferecendo algo aos outros),
    - distinguir o que é bom e o que é prejudicial para você.

3. Cultivar um diálogo humano por meio:
    - da expressão de si, honesta e assertiva (exprimindo aquilo que está vivo dentro de si, sem agredir, julgar ou criticar os outros),

– do ato de escutar os outros, de forma empática e respeitosa (tentando compreendê-los e fazer que se sintam
compreendidos, seja qual for a maneira como eles estejam se expressando),

– da expressão de gratidão ou sabendo (se) agradecer.

4. Criar uma vida de acordo com quem, no fundo, você é:

– escutar a si mesm(a) no intuito de se conhecer melhor
(autoempatia),

– correr atrás dos seus sonhos.

5. Disciplinar a sua mente:

– deixar de lado os juízos de valor, transformando-os em
sentimentos/necessidades (transformar « a razão pela
qual eu reprovo os outros » em « o objetivo ao qual
eu aspiro »),

– identificar e saborear, tanto
quanto possível, a beleza de
cada instante.

Criar uma vida de acordo consigo mesmo

Estar presente a si mesmo

Cultivar um diálogo humano

Ousar cuidar de si mesmo

Disciplinar a sua mente

Pinte a paleta como
você desejar, com as
cores que cada ta-
lento lhe inspirar.

Estar presente a si mesmo

> « Existe uma forma de egoísmo que faz com que fiquemos tão plenos que acabamos tendo muito a oferecer aos outros. »
>
> Marshall Rosenberg

Agora, vamos ser bio-lógicos (bio significa « vida » em grego), vamos respeitar a lógica da vida! Vamos cuidar de nós mesmos antes de pensar em cuidar dos outros. Sempre dizem: « Ame o próximo como a si mesmo », mas muitos seres humanos esquecem as palavras « como a si mesmo » e se comportam mais como robôs do que como humanos.

Eu penso

Eu ajo

Eu penso

Eu me sinto

Eu gostaria, eu aspiro a

Eu ajo

Acontece de você funcionar como um robô (eu penso, eu ajo)?

Em que momentos?

Em que situações?

Com quem?

Isso favorece o seu equilíbrio?

Ou como um ser humano propriamente dito (eu penso, eu sinto, eu gostaria, eu aspiro a, eu ajo)?

Em que momentos?

Em que situações?

Com quem?

A partir das suas respostas, o que você gostaria de melhorar?

—

—

Estar presente a si mesmo é aprender a estar « no seu corpo » e sentir as suas emoções.

Estar presente ao seu corpo

Esquecemos tanto o nosso corpo que ele precisa nos fazer sofrer para que cuidemos dele, às vezes tarde demais...

Quando nos concentramos no nosso corpo, essa atitude abre em nós um espaço de conexão conosco mesmos e de calma – e é isso que permite a « verdadeira vida, aquela que se vive, não aquela que se pensa! » (David Komsi).

Por que prestar atenção ao seu corpo?

Porque:

- Quando mantemos laços com o nosso corpo, somos iguais a uma árvore, enraizados no solo.

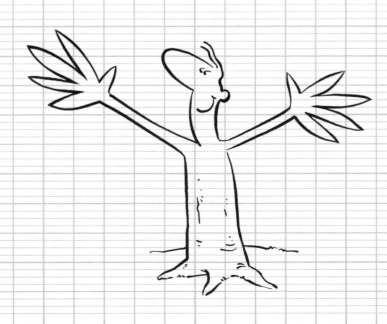

– Se estivermos conscientes daquilo que reside dentro de nós, ficaremos mais vivazes, alertas e realmente abertos para o que vem de fora – ou então perceberemos a tempo que não somos assim!

– Quando estamos mais « em nós mesmos » do que « na situação », beneficiamo-nos com uma distância que nos protege e preserva a qualidade das nossas relações ao diminuir a nossa reatividade emocional.

Cite momentos em que você se esquece de levar em conta o que o seu corpo está vivendo:

—

—

Como você se sente depois?

—

—

Em que momentos você cuida bem do seu corpo?

—

—

Como você se sente depois?

—

—

Veja a seguir dois exercícios bem simples para você ficar presente a si mesmo(a) e prestar atenção ao seu corpo:

Estabeleça e mantenha conscientemente contato com uma parte do seu corpo

Sinta as suas mãos se tocando, o contato dos seus pés no solo ou das suas costas num assento. Ou, então, dirija a sua atenção para uma das suas mãos. Perceba se ela está quente ou fria, se ela está entorpecida ou formigando etc.

Você também pode sentir o ar entrando e saindo dos seus pulmões.

Durante dois minutos, fique atento(a) à sensação que você tiver decidido explorar. Mantenha-se consciente de si mesmo(a) e observe os efeitos desta atividade no seu corpo.

Você conseguiu relaxar de alguma forma?

Este exercício proporciona muitos benefícios, os quais você descobrirá se praticá-lo cotidianamente. Ele tem como objetivo nos lembrar de que o nosso corpo existe e, quando estamos interagindo com alguém, impede-nos de nos perdermos na relação com o nosso interlocutor e manter o contato conosco mesmos.

Concentre-se durante três minutos

Sente-se confortavelmente, feche os olhos e pergunte-se:

Como estou me sentindo no meu corpo? O que está tenso, descontraído, confortável, desagradável?...	
Como estou me sentindo no meu coração? Será que estou triste, alegre, com raiva, desanimado(a), entusiasmado(a)?	
Quais são, neste momento, os pensamentos predominantes na minha mente?	

Não precisa mudar nada, apenas tomar consciência do que está acontecendo dentro de si.

Se você não conseguir perceber as zonas tensas ou descontraídas no início desta atividade, às vezes o fato de mexer ligeiramente a parte do corpo que você esteja querendo sentir pode ajudar a ficar consciente do estado dela.

O segundo exercício tem como objetivos:

- trazer a nossa energia para o presente. Muitas vezes, a nossa atenção fica presa ao passado ou já focada no futuro;

- estar « no seu corpo », em vez de « no mundo da lua » ou « fora de si »!

- ter consciência daquilo que está acontecendo dentro de si, física e emocionalmente;

- concentrar-se (por exemplo, antes de uma entrevista difícil);

- regenerar-se (a presença a si mesmo melhora a saúde e a imunidade).

Faça um balanço, terminando as seguintes frases:

Estar presente a mim mesmo(a) é fácil quando...

É difícil quando...

O mais difícil de manter essa atitude será quando...

Ela é essencial quando...

Eu decidi que, na semana que vem, estarei presente a mim mesmo(a) quando...

O que vai me ajudar nisso é...

Pegue uma folha A4 e, se estiver inspirado(a), corte-a em forma de coração, decore esse coração e escreva nele de que maneira você vai aperfeiçoar a presença a si mesmo(a):

Esta semana, eu me comprometo a estar presente a mim mesmo(a) quando...

- **Contexto:**
- **Momento:**
- **Maneira:**

Coloque-o num lugar onde você possa vê-lo com frequência!

13

Observe-se com bondade num espelho, desenhe e pinte o seu rosto nesta página, MANTENDO-SE PRE-SENTE A SI MESMO(A)!

O que está acontecendo dentro de você enquanto você desenha?

Estar presente às suas emoções e necessidades (ou autoempatia)

> « Um instante de presença a si mesmo vale mais do que mil boas ações. »
>
> Anônimo

A autoempatia ou escuta de si é um momento que se deve tirar para prestar atenção ao seu interior e aceitar o que está acontecendo ali dentro. Para isso, duas questões ajudam a criar uma conexão consigo mesmo:

- Como é que eu estou me sentindo?
- A que eu aspiro, o que eu quero nessa situação?

É importante ter consciência do que você esteja vivenciando, sobretudo em caso de dificuldade, pois:

- Mesmo que não possamos fazer nada com relação a uma situação, o fato de verbalizar os seus estados de espírito, já alivia a tensão interior.
- Quando paramos para conhecer os nossos sentimentos e refletir sobre as nossas aspirações e « necessidades », temos mais clareza quanto às ações que poderíamos realizar para satisfazê-las.

Observações da autora:

A palavra **necessidade** muitas vezes é conotada negativamente, porque nela fica subentendida uma noção de falta ou avidez. Aqui, ela designa o que conta para um ser humano, o que é essencial para ele, como suas aspirações, seus valores e seus sonhos.

Esse termo engloba, ao mesmo tempo, as **necessidades vitais**, como comer, beber e dormir, as **necessidades de segurança**, como ter um teto, uma família e um trabalho, e as **necessidade de plenitude**, como a necessidade de se realizar e contribuir para a vida. A necessidade, tal como considerada aqui, é profunda, protege a vida e proporciona calma. As necessidades são universais, igualmente importantes e descritas de forma positiva.

Por exemplo, se alguém tiver sofrido uma agressão e disser: « Eu preciso me vingar », isso não é uma necessidade, pois essa maneira de falar não valoriza a vida e é capaz de aumentar o sofrimento, ao invés de acalmá-lo. Portanto, uma forma de se expressar mais em harmonia com a vida seria: « Eu preciso de uma compensação, ou que me consolem dizendo que é possível tirar uma lição de tudo o que aconteceu ».

Tome cuidado para não confundir necessidades e desejos! Por exemplo, eu posso estar com a **necessidade** de relaxar e ter o **desejo** de fumar um cigarro. Um desejo é uma dentre várias formas de tentar satisfazer uma necessidade. Talvez, graças ao cigarro, eu atenda à necessidade de me conectar comigo mesmo ou me dar prazer. Porém, eu não tenho necessidade de cigarro para continuar vivendo... Pelo contrário!

Além disso, se eu quiser tornar a minha vida mais densa, é bom eu conhecer e me ligar novamente às necessidades profundas que residem dentro de mim, em vez de querer satisfazer simulacros de necessidades. Para realizar isso, basta eu me fazer várias vezes a seguinte pergunta:

« Quando eu faço o que estou fazendo ou quando eu vivencio o que estou vivenciando, que necessidade é satisfeita? »

Por exemplo: « Quando eu fumo um cigarro, que necessidade esse ato está satisfazendo? »

Vamos imaginar que a resposta seja: « Uma necessidade de descontração, de me conectar comigo mesmo e me dar prazer ».

Eu posso então refazer a mesma pergunta: « Quando eu me proporciono essa descontração, conecto-me comigo mesmo e me dou prazer, que necessidade é satisfeita? »

17

Vamos imaginar que a resposta seja: « Isso me dá energia para assumir as minhas responsabilidades do dia ».

Eu posso então refazer a mesma pergunta: « Quando eu tenho energia para assumir as minhas responsabilidades do dia, que necessidade é satisfeita? »

Vamos imaginar que a resposta seja: « Eu assim ajo, efetuo minhas tarefas cotidianas e tenho gás para seguir em frente ».

Eu posso então me fazer duas perguntas para ampliar as minhas possibilidades de escolha quanto à forma como eu me ajudo a assumir as minhas responsabilidades do dia:

« Será que a escolha de fumar me satisfaz em longo prazo? »

« Será que existem outras estratégias, meios diferentes do cigarro, para ajudar a me descontrair, conectar-me comigo mesmo e ganhar energia para realizar as minhas tarefas cotidianas? »

A autoempatia é uma forma de « egoísmo bom »!

De fato, se você tirar um tempo para escutar a si mesmo(a) quando alguma coisa está errada, mais cedo ou mais tarde uma revelação repentina se produz, uma clareza emerge e um relaxamento se sucede. Logo depois, a sua energia aumenta.

Por exemplo, imagine que você esteja trabalhando num dia em que não haja um número suficiente de funcionários, o que (a) deixa sobrecarregad(a). Você pode ficar irritad(a) com os seus colegas ausentes, o que vai gerar tensões e esgotar a sua energia. Aí, o risco que você corre é ficar insatisfeit(a) e julgar a si mesm(a). Ou você pode então decidir escutar e aceitar o que está vivenciando até sentir dentro de si um alívio.

Veja como isso poderia ser feito:

« Não estou me sentindo irritad(a)? Cansad(a)? Não estou precisando de solidariedade e compreensão por causa do excesso de trabalho que está recaindo sobre mim? Ah, como eu gostaria de fazer as coisas num ritmo mais humano! Não aguento mais! Eu gostaria muito de conversar sobre isso com os meus colegas para encontrar soluções sem demora. Amanhã, eu vou falar com eles, está decidido! »

Encontrar as dificuldades ou « escutar a si mesmo nem sempre é fácil! »

Muitas vezes acontece de a gente ter vários sentimentos e várias necessidades ao mesmo tempo. Pois bem, aceitar e canalizar várias sensações consome energia e lidar com diversas necessidades leva tempo, pois às vezes elas podem parecer antagônicas. Nesse caso, é melhor aceitar TODOS os seus sentimentos, porque, quando uma emoção é completamente ouvida, ela se transforma, o que proporciona tranquilidade. E também conhecer e esclarecer TODAS as suas necessidades, a fim de descobrir quais delas são prioritárias.

Por exemplo, imagine um homem idoso que sofra de vertigem, tenha constatado que algumas telhas se deslocaram no telhado de sua casa. Ele hesita em subir lá para trocá-las: o homem fica dividido entre a necessidade de preservar sua casa e a necessidade de segurança física. É importante ele escutar todas as facetas da situação que está vivenciando antes de agir, pois, ao subir numa escada negando seus medos e sua necessidade de segurança, ele corre o risco de se desequilibrar e cair. E, se ele escutar a sua necessidade de segurança física, sua casa vai se deteriorar. Ao tirar um tempo para prestar atenção a todas as suas necessidades, ele poderá encontrar uma solução que leve em conta as suas prioridades em conjunto.

Observe todos os rostos a seguir e escreva embaixo deles uma palavra para designar a emoção correspondente:

tristeza
mau humor
ira
raiva
distração
dúvida
medo
cansaço

A respeito de sentimentos ou « o que são, exatamente, os sentimentos? »

Nossos sentimentos podem ser comparados aos símbolos luminosos do painel de controle de um carro: se o símbolo do óleo acender, é para indicar que o carro precisa de óleo. Da mesma forma, nossos sentimentos nos informam sobre nossas necessidades.

Assim, **nenhum sentimento cai do céu: ele é provocado pelas necessidades que residem dentro de nós.**

Se você estiver vivenciando um sentimento com conotação desagradável, isso significa que uma ou mais necessidades suas não foram satisfeitas. Por exemplo, se o seu filho tiver tirado 2 em matemática, você ficará preocupad(a), pois sua necessidade de segurança a respeito do desempenho escolar dele não foi satisfeita.

Se você estiver vivenciando um sentimento com conotação agradável, isso significa que uma ou mais necessidades suas foram satisfeitas. Por exemplo, se você tiver sido escolhid(a) dentre 200 candidatos para um cargo disputado, você ficará contente porque as necessidades de reconhecimento do seu valor e de realização profissional foram satisfeitas.

Atenção! Existem palavras que empregamos como se fossem sentimentos, mas cuja utilização se deve evitar, pois elas estão misturadas com juízos de valor sobre os outros ou sobre você! São palavras como: « Eu me sinto traída(o), abandonada(o), incompreendida(o), incompetente, incapaz...» Como julgam os outros ou você, elas são ora uma potencial fonte de conflitos (juízos sobre os outros), ora uma fonte de desânimo (juízo sobre você). Elas nos despojam assim do nosso poder pessoal: ou você se enxerga como vítima dos outros, ou fica desanimado ao se desvalorizar. Elas também nos fazem perder energia, pois a sua utilização nos coloca numa atitude reativa, e não criativa.

Autoempatia ou « escutar seus sentimentos e necessidades é seguir a estrada real em direção ao amor dos outros e o respeito do eu », pois:

- Eu me sinto tão plena(o) com a atenção que eu dou a mim mesma(o) que me volto naturalmente para os outros.

- Eu sei ouvir e aceitar nos demais aquilo que eu soube ouvir e entender dentro de mim.

- Quando eu não aceito algo em mim mesma(o), eu corro o risco de projetá-lo nos outros, aos quais eu acabo atribuindo as minhas imperfeições.

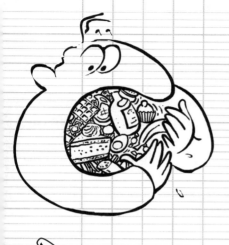

- Se eu não cuidar bem de mim mesmo(a), mais cedo ou mais tarde eu vou acabar indo mal!

- Se eu não me conceder momentos de autoempatia, eu ficarei propenso(a) a me autointoxicar (tabaco, bulimia, álcool, etc.) ou responsabilizar os outros pelo meu mal-estar.

O que esses comentários suscitam em você?

-      -
-      -
-      -

No retângulo abaixo escreva e decore como quiser dois comentários com os quais você concorda.

23

Exercício de autoempatia

(Consulte as listas no final deste caderno, p. 60)

Pense numa situação desagradável que você tenha vivido recentemente e siga as seguintes etapas:
- **Observação:** descreva a situação de forma neutra.
- **Sentimentos:** explore os seus sentimentos em relação aos fatos.
- **Necessidades:** procure saber que necessidades não foram satisfeitas.
- **Conclusão:** considere que ação você pode realizar com o objetivo de levar em consideração as suas necessidades.

« Quando eu penso em...
eu me sinto...
porque eu preciso (precisava) de...
e, agora, eu vou... eu decidi que... »

Por exemplo: « Quando ele disse a uma terceira pessoa que eu era incompetente, eu me senti frustrado(a) e impotente, pois estava precisando de transparência e espaço para me expressar. E, agora, eu gostaria de chamá-lo para conversar um momento sobre isso ».

Arrume e enfeite um « diário de bordo », pois o fato de exercitar regularmente a autoempatia vai fortalecer a sua capacidade de conhecer a sua vivência interior.

Receita suprema para uma boa saúde:

Ousar cuidar de si mesmo, mesmo que isso desagrade a alguém

Tratar-se bem

É fazer tudo o que está escrito neste pequeno caderno, em especial:

- Analisar regularmente e dar importância ao seu estado físico, ou seja, cuidar bem do estado do seu corpo. Veja Estar presente ao seu corpo, p. 8.

- Explorar e escutar todos os seus sentimentos e necessidades e, em seguida, agir de modo a atender às suas necessidades primordiais. Veja Estar presente às suas emoções e necessidades, p. 15.

- Dialogar, sociabilizar-se, fazer confidências, pois:

  « Quando compartilhamos uma alegria, ela aumenta, e, quando compartilhamos uma tristeza, ela diminui. »

- Tirar momentos para reencontrar a si mesmo(a), momentos de interioridade e solidão. Por exemplo, ir sozinho(a) a um lugar confortável regularmente ou passear em meio à natureza, no intuito de impor silêncio à mente. Pouco a pouco, dia após dia, a agitação da alma vai dar lugar à tranquilidade, e o ritmo da sua atividade cerebral vai diminuir. É claro que instaurar um espaço entre dois pensamentos pode levar tempo, mas, como com qualquer treino, é praticando que se obtêm resultados. Essa paz interior permite que a criatividade e o coração se manifestem.

- Tratar as feridas da infância. Todo ser humano, esteja ele consciente disso ou não, vivencia experiências difíceis e traumáticas. Portanto, à vezes é bom lembrarmos do passado e identificarmos o que nos feriu, a fim de tratar as partes de nós mesmos que estejam precisando de cuidados.

O tratamento das nossas feridas se efetua de diferentes formas: contando com a bondade dos indivíduos que encontramos pelo caminho, sendo ouvido por terapeutas formados para isso, lendo ou descobrindo depoimentos de pessoas que tenham vivido traumas semelhantes etc.

Dentre tudo isso, o que conta mesmo é lembrar que:

« Quando uma dor é completamente aceita, ela se transforma. »

Ao passo que:

« Se resistirmos a alguma coisa, ela vai persistir! »

Pinte o primeiro pensamento com uma cor alegre e o segundo com uma cor triste. Depois, medite sobre eles.

Agradar a si mesmo

É tirar um tempo para viver, respirar, mexer-se, divertir-se, brincar, relaxar etc. Tudo isso tendo consciência de que, se você começar a ousar cuidar bem de si mesmo(a), as pessoas ao seu redor talvez fiquem frustradas. Elas vão sentir que você está dedicando-lhes menos atenção, mas saiba que « tudo bem », contanto que isso não prejudique ninguém.

Alguns sinais de que você está cuidando bem de si mesmo(a):

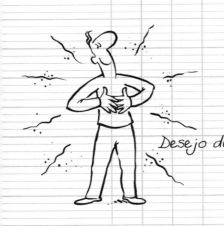

Alegria de viver

Plenitude

Entusiasmo

Dinamismo

Desejo de contribuir para o bem-estar dos outros

Paz interior

Abertura à vida

Criatividade radiante

Crescente energia vital etc.

28

Quando é que « cuidar bem de si mesmo » pode derrapar e virar « cuidar mal de si mesmo? »

- Quando a pessoa fica tão focada em si mesma, que não enxerga os outros e perde uma boa parte das belezas deste planeta.

- Quando ela privilegia a satisfação das suas necessidades em curto prazo, sem realmente pesar a importância das suas necessidades em longo prazo. Por exemplo, estou assistindo televisão há horas e esqueço meus estudos. Nesse caso, estou privilegiando minhas necessidades em curto prazo (descontração, distração...), mas negligenciando aquelas em longo prazo: correr atrás de todas as chances para obter êxito e, com um diploma na mão, ter mais escolhas para exercer a profissão que eu quiser.

- Quando a pessoa age sem consciência de si mesma, dos outros ou do ato em questão. Por exemplo, quando eu gasto toda a água da casa sem pensar naqueles que vão tomar banho depois de mim.

- Quando ela privilegia suas necessidades « superficiais » sem levar em consideração suas profundas necessidades. Por exemplo, quando, para fazer as pazes, eu digo « sim » a alguém que está me pedindo algo, enquanto gostaria de ousar ser eu mesmo(a) e dizer « não ».

- Quando a pessoa fica se culpabilizando por tirar um tempo para si mesma.

Anote três maneiras que você tem de cuidar bem de si mesmo(a):

—

—

—

Como você se sente ao fazer esta lista?

Anote três atividades que lhe dão prazer:

—

—

—

Elas não prejudicam você em longo prazo?

A frequência dessas atividades na sua vida lhe convém?

Se você decidir mudar a frequência delas, anote as possíveis consequências para você e para as pessoas ao seu redor:

—

—

—

Como você se sente ao tomar essa decisão?

Feche o seu caderno e, durante cinco minutos, faça alguma coisa que lhe dê prazer.

Respeitar os seus limites

Limites com relação a quê? Ao quanto de si mesmo(a), da sua pessoa, você oferece aos outros. Mas como saber se eu ultrapassei meus limites?

Marque com um X as frases que correspondam à sua atitude ultimamente:

□ Estou esgotado(a).
□ Estou ressentido(a) com alguém por causa de tudo o que eu lhe ofereci.
□ Estou me fechando.
□ Fico irritadiço(a) ou agressivo(a) por qualquer coisinha.
□ Não tenho mais energia.
□ Não tenho mais alegria de viver.
□ Não tenho mais vontade de certas coisas.
□ Sou incapaz de decidir por mim mesmo(a).
□ Eu ajo de forma automática.
□ Estou dormindo mal.
□ Estou comendo mais (ou menos) do que o normal, estou fumando, estou bebendo demais, estou...
□ Estou me sentindo triste.
□ Não estou mais aguentando.
□ Não tenho mais paciência.

Você não marcou nenhuma? Parabéns, tudo está indo bem em sua vida.
De 1 a 3: este é momento para pensar em cuidar melhor de você mesmo(a).
De 4 a 5: é importante tomar medidas para mudar ou procurar ajuda.
Mais de 6: está na hora de consultar um médico ou psicoterapeuta, pois você está claramente precisando de ajuda.

O que é « oferecer de modo sadio »?

Marque com um X as frases que tenham a ver com você:

☐ 1. Eu ofereço porque gosto de contribuir para o bem-estar dos outros.

☐ 2. Eu ofereço para ser aceito(a).

☐ 3. Eu ofereço porque foi assim que me ensinaram.

☐ 4. Eu ofereço porque gosto de agradar.

☐ 5. Eu não sei por que ofereço, é mais forte do que eu!

☐ 6. Eu ofereço porque gosto de contribuir para a qualidade ou para a beleza da vida.

☐ 7. Eu ofereço sem contar e depois me arrependo.

☐ 8. Eu ofereço respeitando os meus limites.

☐ 9. Eu ofereço porque fico feliz em ver a alegria que provoco.

☐ 10. Eu ofereço porque não sei dizer não.

☐ 11. Eu ofereço sem esperar nada em troca.

☐ 12. Eu ofereço para me tornar indispensável.

☐ 13. Eu ofereço para que os outros gostem de mim.

☐ 14. Eu ofereço e logo depois esqueço que ofereci.

☐ 15. Eu ofereço para receber algo em troca.

☐ 16. Eu ofereço para ter um lugar na «sociedade», na minha família etc.

☐ 17. Eu ofereço para obter reconhecimento.

☐ 18. Eu ofereço para ficar em paz.

☐ 19. Eu ofereço para não ficar devendo.

Oferecer de modo « sadio » é oferecer de modo a provocar alegria e descontração, tanto para quem está oferecendo quanto para quem está recebendo. Nesse tipo de boa ação, ninguém fica devendo nada a ninguém!

Solução: as frases n. 1, 4, 6, 8, 9, 11 e 14 demonstram uma maneira sadia de oferecer.

Posicione-se numa escala horizontal que vai desde o mais profundo egoísmo até a maior generosidade.

Egoísmo   Generosidade

Posicione nas linhas verticais as pessoas ao seu redor (pais, cônjuge, filhos, amigos, colegas de trabalho e outras relações, e avalie o seu grau de generosidade ou egoísmo do momento presente com relação a cada uma delas.

Como você se sente ao constatar o lugar em que se situa nessa escala?

—

—

Você gostaria de mudar alguma coisa?

—

—

Se sim, reorganize o diagrama do jeito que você gostaria que ele fosse.

Oferecer aos outros é cuidar bem de si mesmo, contanto que os seus limites sejam respeitados.

O ato de oferecer, sejam quais forem as razões, faz bem tanto para quem oferece quanto para quem recebe. De fato, já foi cientificamente provado que:

« A ação de dar ou cooperar está fisiologicamente ligada a uma sensação de prazer. Assim, temos uma razão egoísta para sermos generosos, e as boas ações agem sobre nós como uma droga sem efeitos colaterais. »

Stefan Einhorn. A arte de ser gentil.

« Os egoístas tolos pensam em si mesmos, e o resultado é negativo. Os egoístas sábios pensam nos outros, ajudam e também colhem benefícios. »

Dalai-Lama

Lembre-se de um momento recente em que você tenha oferecido alguma coisa a alguém: um pouco de atenção, um ombro amigo, uma surpresa... Como você se sentiu?

—

—

Chega uma hora em que não se sabe mais quem ofereceu e quem recebeu. Quando oferecemos um pouco de stretching e de esforço, às vezes é necessário para ampliar o nosso coração. Assim, como quando praticamos um esporte, ultrapassar de vez em quando os nossos limites e a nossa zona de conforto fortalece o corpo.

<u>Aqueles sinais de que você cuida bem de si mesmo(a) estão aumentando?</u>
Veja *Alguns sinais de que você está cuidando bem de si mesmo(a)*, p. 28.
Se sim, quais deles?

—

—

—

Separar o que é bom e o que é prejudicial para si

35

Sente-se num lugar agradável, crie uma atmosfera gostosa e procure não ser perturbado(a) durante 30 minutos. Pegue papel e caneta.

Observe atentamente a sua vida, pensando:

- nos comportamentos das pessoas com as quais você convive ou se encontra frequentemente,

- nas suas atividades profissionais, pessoais, sociais, esportivas...

- nos seus hábitos, na sua maneira de se alimentar, distrair-se, relaxar etc.

Em seguida, escreva o que você tiver observado nas colunas abaixo:

Prejudicial	Neutro	Bom para mim
—	—	—
—	—	—
—	—	—
—	—	—
—	—	—

Se você tiver escrito mais elementos...

- na coluna « prejudicial », observe-os, um por um, sem (se) julgar, nem banalizar e nem se resignar.

« Mudar é ter uma visão clara do seu funcionamento, contanto que você não acrescente nenhum comentário psicológico. »

Éric Baret

- na coluna « neutro », responda às seguintes questões:

Será que eu me dou o direito de viver plenamente?

Será que eu não poderia mudar alguns aspectos da minha vida, a fim de fazer mais coisas boas para mim?

- na coluna « bom para mim », agradeça a energia da vida que está em ação dentro de você dessa forma, e tire um tempo para se alegrar com as coisas boas que você vivencia. Agradeça cada uma das pessoas que (a) ajudam a viver algo « bom para si ».

Agora, pergunte-se:

Será que na minha vida existem hábitos destrutivos, dos quais seria melhor abrir mão, ou pessoas cujo comportamento seja prejudicial para mim e das quais seria bom me proteger ou me separar?

Não se esqueça de fazer a distinção entre uma pessoa e o comportamento dela: de fato, nenhum ser humano, seja ele quem for, pode ser catalogado como « prejudicial ». No entanto, uma pessoa pode apresentar atitudes que prejudiquem você, atitudes contra as quais seria melhor você se proteger. Ou então essa pessoa e você podem ter instaurado entre si certas interações destrutivas.

Por exemplo, se vocês costumam brigar, isso não faz de você ou dela « **más pessoas** ». É simplesmente que, entre vocês, a relação está bloqueada, ou então carecendo de harmonia ou fluidez.

Será que você está pronto(a) para dar esse passo?
Se for o caso, efetue o exercício abaixo, intitulado: « **Eu vou tomar as rédeas da minha vida** ». Ele vai ajudá-lo(a) a assumir a responsabilidade pela sua vida.

Eu vou tomar as rédeas da minha vida

Complete a frase a seguir e recite-a 7 vezes por dia, durante 21 dias, com um tom firme e esforçando-se para sentir a sua sensação se isso já tivesse sido realizado:

« ...
(cite o hábito, situação ou comportamento da pessoa)
é prejudicial para mim, e eu vou me separar (ou me proteger) agora desse(a)...,
no intuito de...
(cite explicitamente e em termos positivos aquilo a que você aspira)
Eu me comprometo a dar um passo nessa direção todos os dias.
Mesmo que eu não saiba exatamente o que fazer, eu acredito que tenho dentro de mim as forças necessárias para conseguir o que quero. »

Exemplo n. 1: « O álcool é prejudicial para mim, e eu vou me separar agora desse hábito, no intuito de alcançar saúde, beleza e liberdade de escolha... Eu me comprometo a... »

Exemplo n. 2: « Andar na companhia de colegas que querem me ensinar a roubar em supermercados é prejudicial para mim, e eu vou me separar agora desse tipo de amizade, no intuito de alcançar segurança, respeito pelos bens dos outros, orgulho e auto-estima... Eu me comprometo a... »

Exemplo n. 3: « Deixar o(a)... me bater é prejudicial para mim, e eu vou me proteger agora desse comportamento, no intuito de preservar a minha integridade, ser respeitado(a)... Eu me comprometo a... »

Tenha em mente que cada pessoa ou cada situação « prejudicial para você » também transmite lições, « presentes » destinados a você, embora não pareça no momento. Um primeiro presente seria, por exemplo, o fato de ensinar você a impor os seus limites, assumir a responsabilidade pela sua vida e afirmar: « Isso nunca mais na minha vida! »

Pense e desenhe a sua melhor lembrança das férias:

Exercício para tomar distância e/ou se liberar de um comportamento que já tenha prejudicado você

Pense numa pessoa cujas palavras ou comportamento são ou foram fonte de sofrimento para você. Escreva o que ela disse ou fez.

— Aceite aquilo que está vivo dentro de você, colocando-se duas perguntas:
Como é que eu me sinto quando penso ou vivencio isso?
Quais são as minhas necessidades não satisfeitas?

— Desenhe você mesmo(a) na situação em questão.

Escreva os seus sentimentos ao lado do seu coração e as suas necessidades não satisfeitas ao lado do abdômen.

Desenhe em volta da sua alma ferida tudo o que poderia protegê-la e/ou ajudá-la em meio ao sofrimento dela: entes queridos, pessoas de confiança, responsáveis etc., natureza, animais... Coloque uma música suave e aceite as suas emoções com bondade.

« Não esqueça que você é o seu melhor amigoo. »

Veja a seguir um desenho representando a tal pessoa cujas palavras ou comportamento são, ou foram, fonte de sofrimento para você – não esqueça que ela é um ser humano, pelo menos potencialmente!

Escreva as palavras ou descreva o comportamento que tenham prejudicado você na altura das pernas dela. Na altura do coração escreva como **você imagina** que a pessoa estava se sentindo para ter chegado a ponto de falar ou se comportar daquele jeito. Na altura do abdômen escreva **as necessidades às quais você supõe** que ela esteja tentando atender.

Como você está se sentindo?
— Se você estiver em paz, parabéns!
— Se isso não mudar nada para você ou se emoções dolorosas vierem à tona, é sinal de que você ainda está ferido(a) e precisa de alguém que o(a) entenda e ouça o seu sofrimento, seu medo, sua tristeza ou sua raiva. Procure, se possível, uma pessoa em quem você confie.

<u>Agora, prometa a si mesmo(a):</u> « *De agora em diante, eu vou cuidar de mim mesmo(a) e me colocar em situações que me façam bem. Se eu encontrar de novo situações nocivas para mim, vou me afastar o máximo que puder e vou decidir me cercar, ou, pelo menos, imaginar-me cercado(a) por tudo o que eu desenhei para me proteger.* »

<u>Pergunte-se se é necessário se separar agora de uma pessoa ou situação em especial.</u> Se for o caso, faça 7 vezes por dia durante 21 dias o exercício «Eu vou tomar as rédeas da minha vida » (p. 38) e pense no que você poderia fazer de diferente para se proteger caso seja necessário.

Cultivar um diálogo humano

Aborde as suas relações, mantendo-se em harmonia com a sua natureza humana. Para isso é essencial prestar atenção aos sentimentos e necessidades que residem em cada pessoa, em vez de pensar naquilo que está errado, tanto com relação aos outros quanto a si mesmo.

Isso pode ser realizado graças à:

- expressão de si, honesta e assertiva,

- escuta do outro, empática e respeitosa,

- expressão de gratidão.

A expressão de si, honesta e assertiva

Dê-se o direito de expressar aquilo que está vivo dentro de si, ou seja, os seus sentimentos e necessidades, sem agredir, julgar ou criticar os outros. De fato, quando alguém se sente criticado, isso enfraquece a nossa capacidade de obter colaboração ou harmonia — e isso, mesmo que a tal crítica tenha fundamento.

O que fazer? Depois de entender o que está acontecendo dentro de você graças à autoempatia, você pode decidir, caso seja necessário, ir falar sobre o assunto com a pessoa envolvida.

Exercício de expressão honesta ou assertiva

Pense numa situação difícil que você tenha vivido com alguém e atravesse as seguintes etapas, imaginando que você esteja se dirigindo à pessoa em questão:

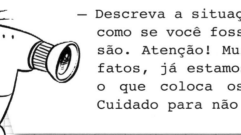

— Descreva a situação de forma tão neutra, como se você fosse uma câmera de televisão. Atenção! Muitas vezes, ao citarmos fatos, já estamos julgando e avaliando, o que coloca os outros na defensiva. Cuidado para não cair nessa armadilha!

« A forma de inteligência humana mais avançada é a capacidade de observar sem avaliar. »

Krishnamurti

— Verbalize um ou dois sentimentos em relação a essa situação. (Evite as palavras da lista de « palavras a proscrever », p. 61!)

— Verbalize uma ou duas necessidades não satisfeitas na situação.

— Formule um pedido que poderia satisfazer uma das suas necessidades.

Quando eu vejo, ouço, observo...
Quando eu me lembro de ter visto, ouvido, eu me sinto...
pois eu preciso de...
e, agora, será que você concordaria em...

— Em seguida, recite essa frase na frente de um espelho, imaginando ser a pessoa a quem você gostaria de dizer isso.

— O que o seu rosto está exprimindo? Qual é o tom da sua voz? O que você está sentindo?

— Você está neutro(a) ou julgando e reclamando?

— Se alguém falasse com você como você está falando não teria a impressão de estar recebendo uma crítica?

Se você se enxergar como neutro(a) e sem crítica, você está pronto(a) para encontrar a pessoa em questão.

Senão, é sinal de que você primeiro precisa ser ouvido(a) ou receber empatia. Não adianta então ir falar com a tal pessoa porque você acabaria fazendo mais mal do que bem! Se você acusá-la ou criticá-la, ela vai se colocar na defensiva e se fechar e/ou, por sua vez, atacar você.

A escuta do outro, empática e respeitosa

Tente compreender os outros e fazer com que eles se sintam compreendidos, seja qual for a forma como você esteja se expressando.

Ter empatia significa entrar em sintonia com a vivência dos outros. Trata-se de ouvir bem e se mostrar presente junto aos outros, levando em especial consideração os sentimentos e necessidades deles, sem intenção de obter outra coisa senão uma qualidade de conexão. Ter empatia por alguém é como se você estivesse lendo um livro tão fascinante que acaba esquecendo até uma dor de dente.

Empatia não tem nada a ver com complacência: você pode ser empático(a) com alguém e não concordar com ele(a) e nem fazer o que ele(a) quer.

História:

Era uma vez um fazendeiro que tinha os mais belos campos de milho de sua região. Anualmente, na festa do vilarejo, ele participava do concurso das mais belas colheitas e, todo ano, ele ganhava os primeiros prêmios.

Assim que voltava para casa depois da festa, ele ia à casa dos vizinhos para lhes dar sementes provenientes de suas colheitas.

Um dia um amigo lhe disse: « Mas, se você continuar dando as suas melhores sementes aos vizinhos, você vai acabar se expondo e fazendo com que um dia eles ganhem os primeiros prêmios no seu lugar. Você não acha que seria uma pena? »

O fazendeiro então respondeu: « Eu não acho. Muito pelo contrário! Sabe, nas nossas colinas, há muito vento, então, por causa da polinização cruzada, eu corro o risco de deteriorar a qualidade do meu milho por causa da dos meus vizinhos. Portanto, **tudo o que eu dou aos outros eu estou dando a mim mesmo!** »

Exercício de empatia

Pense numa situação difícil que você tenha vivido com alguém e atravesse as seguintes etapas, imaginando que você esteja se dirigindo à pessoa em questão:

— Descreva a situação de forma neutra.

— Verbalize um ou dois sentimentos que você imagina que o seu interlocutor tenha experimentado com relação a essa situação. (Evite as palavras da lista de « palavras a proscrever », p. 61!)

— Verbalize uma ou duas necessidades da outra pessoa que você acha que não tenham sido satisfeitas na situação.

— Formule um pedido que poderia satisfazer uma das necessidades do seu interlocutor.
Quando você vê, ouve, observa...
Quando você se lembra de ter visto, ouvido, você se sente...
pois você precisa de...
e, agora, será que você gostaria que...
É isso mesmo?

A expressão de gratidão

OBRIGADO significa: « O brilho da vida real irradia quando a gratidão da alma é diariamente oferecida ».

« A gratidão é o próprio paraíso. »

Rumi

Sinta a sua gratidão!

Pense numa pessoa que tenha trazido coisas boas para a sua vida. Escreva o que ela disse ou fez, desenhe-a, anote o nome dela e pinte-a, procurando sentir o seu apreço por ela.

Sinta todas as emoções que estejam tomando conta de você. O seu coração está se abrindo?

Coloque o seu desenho num lugar onde você possa vê-lo frequentemente, pois ele ajudará você a se sentir bem.

Expresse a sua gratidão

Pense em algum conhecido seu que tenha feito coisas boas para você e escreva três elementos:

— o que ele (ou ela) fez (ou disse) e que lhe tenha feito bem,

— como você se sente **agora** quando se lembra disso,

— quais necessidades suas foram satisfeitas graças ao que ele(a) disse ou fez.

Se a pessoa em questão ainda estiver viva, você não poderia talvez lhe escrever uma carta? Veja como ela poderia ser:

« Caro, cara...

Quando eu penso em...

(cite o que a pessoa tiver feito ou dito: por exemplo, um professor que tenha exclamado: « Que ótimo trabalho! »)

Eu me sinto...

(cite os seus sentimentos: tocad(a), emocionad(a) etc.)

E, para mim, isso foi bom porque satisfez...

(designe as necessidades suas que tenham sido satisfeitas, por exemplo: O que você fez me ajudou a acreditar em mim). »

Se você não conseguir se lembrar de nada positivo que algum conhecido tenha realizado para você, tente pensar em outra coisa: um animal, a natureza, tão generosa e acolhedora, um desconhecido na rua que tenha sorrido para você... A ideia é que você restabeleça laços com algo positivo e com a gratidão, no intuito de proporcionar a si mesmo(a) energia e bem-estar.

Anote todo dia no seu diário de bordo a sua gratidão a si mesmo(a), aos outros ou à vida. Sinta-a plenamente, e você verá a sua energia se multiplicar!

Criar uma vida de acordo com quem você é profundamente, com a sua « alma profunda »

Escutar a si mesmo(a) no intuito de se conhecer melhor

Veja o exercício de autoempatia, p. 24.

Correr atrás dos seus sonhos

Questione-se sobre o que você quer realizar durante o dia e na sua vida, buscando ativamente meios de concretizá-lo.

« O que lamentamos não é o inalcançável, mas sim o alcançável não alcançado. »

Reescreva e pinte este aforismo!

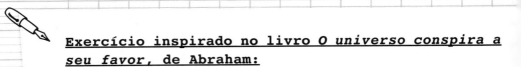

Exercício inspirado no livro *O universo conspira a seu favor*, de Abraham:

Escreva toda manhã durante:
— 1 minuto, como você quer se sentir naquele dia,
— 5 minutos, o que você quer ter,
— 5 minutos, o que você quer realizar.

Em seguida, sinta durante 3 minutos os sentimentos que você experimentaria se tivesse obtido e/ou realizado o que deseja.

E, toda noite, releia as anotações da manhã, sem tirar delas nenhuma conclusão; apenas leia-as!

Após um mês dessa prática, você verá os seus sentimentos/ sensações entrarem naturalmente em correlação harmoniosa com as suas ações, e alcançará ainda mais o que deseja.

Reflexão:
- Quais são os momentos em que você é feliz? Quais são as características deles? Descreva os seus sentimentos.

- Que necessidades suas são satisfeitas nesses momentos?

- Como você poderia criar mais momentos como esses?

- Quais são os momentos em que você não é feliz? Quais são as características deles? Descreva os seus sentimentos.

- Que necessidades suas não são satisfeitas nesses momentos?

- Será que você poderia mudar alguma coisa em relação a isso?

- Se sim, o que você pretende mudar?

Às vezes, não podemos mudar uma situação, mas podemos mudar a nossa maneira de reagir em face dela.

« O que você vê nos outros, você carrega dentro de si; basta despertá-lo. »

Pense em alguém que você ame e escreva as qualidades que aprecia nessa pessoa. Em seguida, durante 5 minutos, bote para tocar uma música de que você goste, mexa-se e fale como se você possuísse tais qualidades e, sobretudo, sinta-se como se sentiria se já as tivesse integrado!

—
—
—

Onde tem atenção tem energia!

Nos próximos dias desenhe em uma ou várias folhas soltas o que você gostaria de ter realizado na sua vida. Escolha as áreas que você gosta de considerar (afetiva, criativa, recreativa, profissional etc.).

Coloque com amor e respeito esse(s) desenho(s) num lugar por onde você passa todo dia. Observe-o(s) frequentemente, sentindo-se como você se sentiria se já tivesse realizado o que está desenhado.

Se a amargura e o desespero tomarem conta de você, tire um tempo para aceitar de braços abertos essas emoções e, em seguida, restabeleça contato logo que possível com aquilo a que você aspira, tendo em vista a realidade da sua vida.

Disciplinar a sua mente

Deixar de lado os juízos de valor, transformando-os em sentimentos/necessidades

Quando pensamos em termos de juízo de valor, criamos dentro de nós uma energia negativa que atrai energias semelhantes à que carregamos conosco.

Os juízos sobre nós mesmos são tóxicos para o nosso humor e energia, e irritantes ou desanimadores para as pessoas ao redor!

Diga algumas vezes: « *Eu sou muito idiota, sempre falho em tudo!* » Depois, observe como você se sente. Tenso(a), decepcionado(a)? É ou não é desagradável? Então, transforme O MAIS RÁPIDO POSSÍVEL essa frase em sentimentos e necessidades.

Pode ser assim: « Eu me sinto desanimado(a), pois gostaria de ter orgulho de mim mesmo(a) ». E, aqui, um espaço se abre: você pode assim usar a sua criatividade para descobrir o que fazer para ter orgulho de si mesmo(a).

Essa ginástica nos reconecta com aquilo que desejamos (e não com aquilo que está errado) e nos libera da nossa impotência: uma vez que conhecemos as nossas necessidades, podemos buscar por meio de qual ação vamos tentar satisfazê-las.

Pense num juízo de valor que você costuma fazer sobre si mesmo(a) e transforme-o em sentimentos/ necessidades:

—

⟶

Juízos de valor sobre os outros::

« Como a Terra é redonda, tudo o que fazemos para os outros mais cedo ou mais tarde volta para nós. »

Desenhe e pinte este aforismo.

Os nossos juízos de valor sobre os outros às vezes nos dão a impressão de extravasar, mas eles só provocam efeitos negativos em nós e nas nossas relações, pois criam um clima ruim (em nós e/ou com os outros) e reduzem as nossas chances de obter o que esperamos dos outros. Por exemplo, se você disser a alguém: « Você nunca me escuta », a pessoa vai ficar com mais vontade de tapar os ouvidos do que de escutar você!

Um dos atos de bondade mais poderosos que uma pessoa pode realizar para si mesma consiste em transformar as palavras « O que eu acuso você de fazer é... » em « O que eu desejo é... »

Se você se concentrar naquilo que deseja (nas suas necessidades), você aumentará as suas chances de obtê-lo.

<u>Pense num juízo de valor que você costuma fazer sobre alguém e transforme-o em sentimentos/necessidades.</u>

—

⟶

Por exemplo, « Você nunca me escuta » se tornaria: «Quando você fica olhando para o seu computador enquanto eu estou falando com você, eu fico sem graça. Eu preciso de clareza. Será que o que eu estou contando interessa você? Será que é o momento certo para conversar sobre o assunto? »

55

O essencial – e é difícil – é se reconectar com aquilo a que você aspira e se exprimir com uma energia de abundância, e não de carência ou queixa.

O tom da nossa voz e o nosso olhar são mais importantes do que as palavras propriamente ditas, pois o nosso interlocutor confia mais (mesmo sem se dar conta) na impressão que ele tem da nossa atitude corporal do que nas palavras enunciadas.

Escreva a frase mais importante para você neste capítulo e cante-a de diferentes formas.

Identificar e saborear tanto quanto possível a beleza de cada instante

« Quando enxergamos a beleza, temos mais coragem e força para atravessar dificuldades. »

« Pela manhã eu passeei de bicicleta ao longo do canal da estação de trem, sentindo prazer diante da amplidão do céu e inspirando o ar fresco não racionado. Por toda parte, placas proibiam aos judeus os caminhos e o campo aberto.

Mas, acima da estreita via que ainda nos é permitida, estende-se, como sempre, o céu intacto. Eles não podem nos fazer nada. Eles podem nos atormentar, roubando os nossos bens, a nossa liberdade, mas é por causa da nossa submissão que perdemos os nossos valores mais preciosos. Por causa da nossa escolha de enxergar a situação como se estivéssemos sendo humilhados e oprimidos. Por causa do nosso ódio. É claro, podemos ficar tristes pelo que fizeram conosco. Mas a nossa ferida mais profunda é aquela que nós infligimos a nós mesmos... **Eu acho que a vida é bela e eu me sinto livre. O céu dentro de mim é tão vasto quanto o que se abre acima da minha cabeça.** »

Etty Hillesum, *Uma vida interrompida**

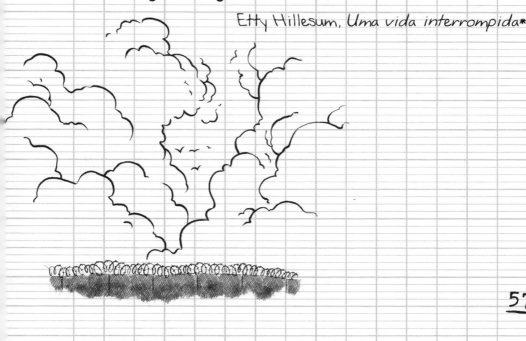

* Tradução livre [N.T.].

História da casinha:

Numa sala de aula, o professor pede para desenhar uma casa. Uma menininha desenha uma casa verde com venezianas vermelhas e uma chaminé laranja. Debochado, o professor lhe diz: « Mas que ideia! Você já viu alguma casa verde? » A garotinha fica pálida e para de desenhar.

Um ano mais tarde, nova aula de desenho, outro professor. Ele pede para os alunos desenharem uma casa. No final da aula, a menininha entrega uma folha em branco. O professor a recolhe e exclama: « Ah, mas que linda casa coberta de neve! »

Escreva uma coisa apreciável a respeito de si mesmo(a) e sinta o que acontece dentro de si quando estiver lendo-a em voz alta.

—

Você gostou de fazer isso ou não?

Se sim, então repita a experiência frequentemente, pois isso lhe fará bem!

Se não, é provavelmente sinal de que você ainda não tem autoestima suficiente. Então repita esse exercício com mais frequência ainda!

Se você reconhecer a beleza da sua alma, a sua humanidade, você as aumentará e melhorará a sua autoestima.

Você está chegando ao fim deste pequeno caderno de exercícios. Eu espero que os sinais de que você está cuidando bem de si mesmo(a) estejam agora mais presentes na sua vida.

Dê todo dia um pequeno passo para ter bondade consigo mesmo(a) e lembre-se que:

« *Pouco a pouco se pode muito!* »

Reescreva e medite sobre este adágio!

Anexos

Sentimentos experimentados quando as nossas necessidades são satisfeitas

à vontade, aberto, abrandado, admirativo, alegre, alimentado, aliviado, amoroso, animado, apaziguado, apoiado, ardente, atônito, aventureiro, bem-disposto, brilhante, calmo, cativado, com força de vontade, comovido, completamente mudado, comprometido, confiante, conscientizado, consolado, contente, curioso, descansado, descontraído, desimpedido, desperto, despreocupado, determinado, dinâmico, divertido, dividido, efervescente, eletrizado, em êxtase, em harmonia, embriagado, emocionado, empenhado, empolgado, encantado, enérgico, entusiasmado, envaidecido, envolvido, espantado, esperançoso, estimulado, exaltado, excitado, expansivo, exuberante, exultante, fascinado, febril, feliz, fervoroso, firme, focado, forte, grato, incentivado, inspirado, interessado, intrigado, jocoso, jovial, leve, liberado, livre, maravilhado, orgulhoso, otimista, próximo, quieto, radiante, realizado, receptivo, reconfortado, refrescado, regenerado, relaxado, resplandecente, revigorado, saciado, satisfeito, seduzido, seguro, sensível, sereno, siderado, sossegado, surpreso, tocado, tranquilo, travesso, vivaz, vivificado.

Sentimentos experimentados quando as nossas necessidades não são satisfeitas

abalado, abatido, aborrecido, acabado, aflito, agitado, alarmado, alvoroçado, amargo, amedrontado, angustiado, aniquilado, ansioso, apavorado, apreensivo, arrasado, assombrado, assustado, aterrorizado, atolado, atordoado, atormentado, atrapalhado, bloqueado, bravo, cansado, carente, cético, chacoalhado, chocado, colérico, com mal-estar, com raiva, com vergonha, confuso, consternado, constrangido, contrariado, deprimido,

desamparado, desanimado, desapontado, desconcertado, des-
confiado, descontente, desesperado, desestabilizado, desi-
ludido, desinteressado, desmoralizado, desnorteado, deso-
rientado, despedaçado, distante, dividido, embaraçado, em
dúvida, emocionado, enojado, enrolado, entediado, envolvido, esgotado, espantado, estremecido, estressado, estupe-
fato, exasperado, exaurido, exausto, extenuado, faminto,
ferido, fora de si, frágil, frustrado, furioso, glacial,
hesitante, horrorizado, impaciente, impotente, incerto,
incomodado, incrédulo, indeciso, indiferente, infeliz, in-
quieto, insatisfeito, insensível, intrigado, irado, irri-
tado, magoado, mal, melancólico, melindrado, moroso, na
defensiva, nervoso, perdido, perplexo, perturbado, pesado,
pesaroso, pessimista, preocupado, prostrado, ranzinza, re-
ceoso, reservado, resignado, reticente, saturado, sedento,
sem fôlego, sem forças, sobrecarregado, sofrido, sombrio,
sonolento, sozinho, surpreso, tenso, transtornado, triste,
ultrapassado, vazio, vexado, vulnerável, zangado.

Palavras a proscrever

**Elas constituem a soma de um sentimento e de um juízo de
valor sobre os outros ou sobre si mesmo:**

abandonado, acometido, acusado, afastado, agredido, amea-
çado, asfixiado, assediado, atacado, burro, caluniado,
coagido, corrigido, criticado, culpado, decadente, dei-
xado de lado, denegrido, desconsiderado, desprezado, des-
valorizado, detestado, difamado, diminuído, dominado,
empurrado, encurralado, enganado, esmagado, esque-
cido, estúpido, explorado, forçado, humilhado,
ignorado, iludido, importunado, incapaz, incompetente, incompreendido, indesejável, indigno,
insultado, inútil, invisível, isolado, jogado,
julgado, lamentável, ludibriado, mal-amado, mal-
tratado, manipulado, medíocre, não aceito, não le-
vado a sério, não ouvido, negligenciado, ofendido,
oprimido, passado para trás, pego em flagrante,
pego numa armadilha, perseguido, preso, pressiona-
do, provocado, rebaixado, rejeitado, repreensível, repu-
diado, ridicularizado, sem importância, sem valor, tra-
ído, trapaceado, usado, vencido, violentado, zombado.

Algumas necessidades fundamentais

Subsistência: respirar, beber, comer...

Segurança: segurança afetiva e material, reconforto, apoio, cuidados...

Liberdade: autonomia, independência, espontaneidade, liberdade de escolha dos seus sonhos, valores, objetivos...

Lazeres: descontração, brincadeiras...

Identidade: acordo com os seus valores, autoafirmação, sentimento de pertencer a algo maior, autenticidade, confiança em si, autoestima e respeito por si/pelos outros, evolução, integridade...

Participação: cooperação, concertação, criação em conjunto, conexão, expressão, interdependência, contribuição para o bem-estar, para a plena realização de si/dos outros, para a vida...

Relacionais: aceitação, sentimento de pertencer a algo maior, atenção, comunhão, companhia, contato, intimidade, partilha, proximidade, amor, afeição, calor humano, honestidade, sinceridade, respeito, carinho, confiança, comunicação, harmonia, reconforto...

Realização pessoal: expressão de si, evolução, aprendizagem, concretização do seu potencial, criatividade...

Sentido: clareza, compreensão, discernimento, orientação, significado, transcendência, unidade, sentido...

Celebração: apreço, compartilhamento de alegrias e tristezas, ritualização, gratidão...

Espiritualidade: beleza, inspiração, paz, transcendência...

Referências

ABRAHAM. *O universo conspira a seu favor.* São Paulo: Ediouro, 2008.

BARET, É. *Le seul désir* — Dans la nudité des tantras. Paris: Almora, 2006.

EINHORN, S. *A arte de ser gentil.* Rio de Janeiro: Objetiva, 2007.

HILLESUM, E. *Uma vida interrompida.* Rio de Janeiro: Record, 1981.

ROSENBERG, M. "Palavras são janelas (ou são paredes)". *Comunicação não violenta* — Técnicas para aprimorar relacionamentos pessoais e profissionais. São Paulo: Ágora, 2006.

TOLLE, E. *O poder do agora.* Lisboa: Pergaminho, 2009.

VAN STAPPEN, A. *Ne marche pas si tu peux danser.* Genebra: Jouvence, 2009.

Nota da autora:
Os exercícios de autoempatia, expressão honesta, empatia e gratidão foram criados por Marshall Rosenberg, fundador da Comunicação Não Violenta.

Acesse a coleção completa em

livrariavozes.com.br/colecoes/caderno-de-exercicios

ou pelo Qr Code abaixo